きりとって つかおう ちび☆わん メッセージカード

みつけて！　ちび☆わんゲームブック　©くろさわゆい

みつけて！　ちび☆わんゲームブック　©くろさわゆい

みつけて！　ちび☆わんゲームブック　©くろさわゆい

みつけて！　ちび☆わんゲームブック　©くろさわゆい

みつけて！　ちび☆わんゲームブック　©くろさわゆい

みつけて！　ちび☆

みつけて！ ちび☆わん ゲームブック

スタジオポルト・編
くろさわゆい・絵

ほるぷ出版

もくじ

こんにちは！ わたしはリン。いぬが大好きなの！
しんせきのおうちで、いぬのきょうだいが
たくさん生まれたんだって。大切にそだてるって
やくそくをして、1ぴきひきとることになったよ

いぬたちとなかよくなろう！

かわいいいぬたちが大集合！
いぬの好きなものは？　どんなまいにちをすごすの？
まちがいさがしやめいろをしたり、クイズにこたえたりしながら、
たくさんのいぬたちとなかよくなろう！

まちがいさがし

めいろ

① ② ③ ④ ⑤

クイズ

1. ぶ [ ] っし [ ] ぐ
2. ぼ ー る [ ] げ
3. お [ ] [ ] ぽ
4. [ ] お [ ] つ　も
5. お ひ [ ] ね
6. ま っ [ ] ー じ

いっしょにたのしく
あそぼうね！

名前を
つけてあげよう

どんな名前にしよう？ 好きなものをいろいろ思いうかべながら、かんがえてみたよ。しりとりパズルのマスをうめて、名前をきめよう！

ルール

下のことばを、しりとりでつながるようにならびかえてね。しりとりのことばの、最後と次の最初の文字は同じマスに入るよ。

 ヒント ‥‥‥‥‥‥

- ブランコ
- アイス
- カステラ
- トウモロコシ
- スモモ
- シーソー
- ココア
- ラムネ
- モナカ
- ネット

スタート → □ ラ □

① ← 🐕 □ ②

モ □ □ □ □

□

□ ス □ □ □

□

③ ← 🐕 □ ト

□

□ 名前は…

□ □ □
① ② ③

ゴール

いぬの「ハウス」を用意しよう

安心してすごせるように、いぬのためのおうち「ハウス」をつくろう。
なにを、どうおけばいい？「ヒント」をよんで、できるハウスをえらんでね。

 ヒント

ベッド

トイレと少しはなれたところにおいて、ゆったりできるように。

トイレ

ハウスの右側においてあげよう。

エサ皿

ベッドの手前においてあげよう。

お水

エサ皿のすぐ右において、しっかりのんでもらおう。

①

②

③

④

こたえは **32** ページ

5

ほねのおやつの クイズにちょうせん！

モコロは、ほねの形をしたおやつが大好き！
ほねをうごかして、数字のクイズにこたえてね！

こたえは 32 ページ

1本だけうごかして、半分の数字にしてね。

 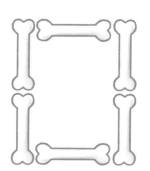

うごかしたら、
むきをかえてみるワン！

1本だけうごかして、計算式を正しくしてね。

9+1=0じゃ、
オカシイよね……？

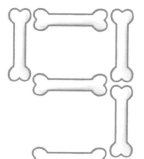  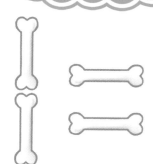 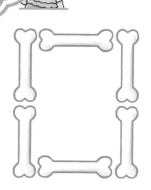

こたえは 32 ページ

 おきにいりの ボールはどこ？

ボールあそびが大好きなモコロ。「みほん」にある、おきにいりの
ボールにつながっているロープはどれかな？

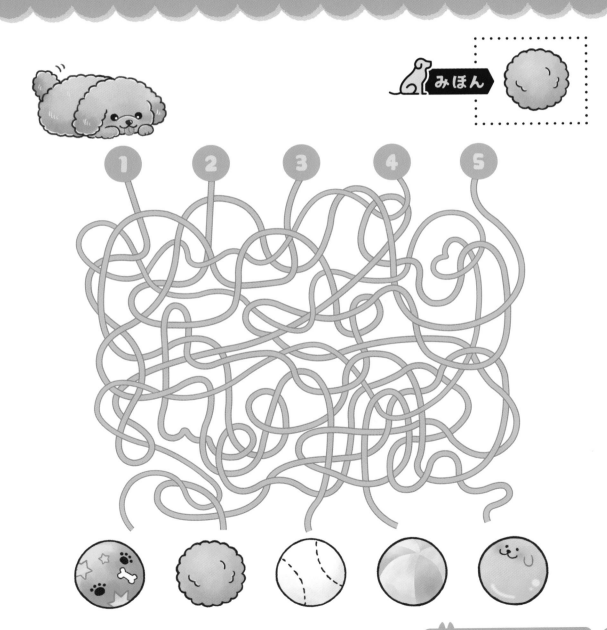

こたえは 32 ページ

大きな公園でボールあそびをしたり、かけっこしたりしたよ。
公園にいたほかのいぬたちともなかよしになれたみたい！
2まいの絵をくらべて、ちがうところを5つさがしてね。

こたえは 32 ページ

6 たくさんあそんで おひるねスヤスヤ……

たくさんあそんで、たっぷりねるのがいぬのまいにち。
1日のなかでおひるねをしたのは何時間？　文章をよんでこたえてね。

ごぜん9時から
ごぜん11時まで
おひるねしたよ。

12時から
ごご2時までは
ごはんを食べたり
あそんだりしたよ。

ごご2時から
4時までおひるね。
そのあとは
ごご6時まで
長めのおさんぽ！

こたえは 32 ページ

10

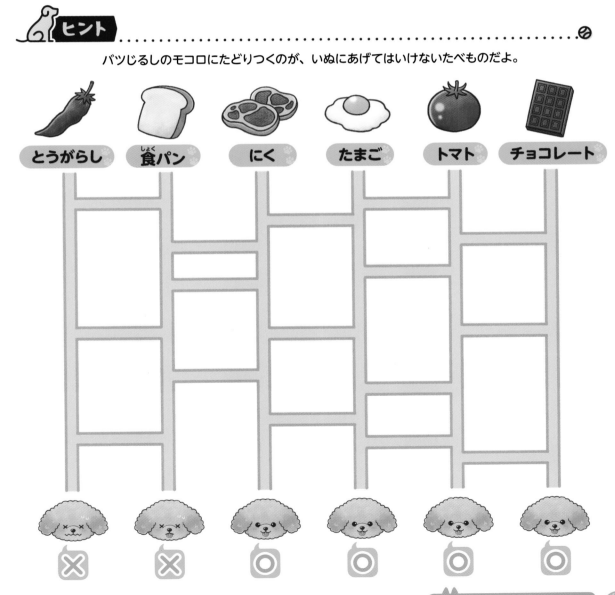

ごはんの時間 たべちゃダメなのはどれ？

いぬには、たべていいものとわるいものがあるんだって。
あみだくじめいろをして、たべてはいけないたべものをこたえてね。

ヒント ....

バツじるしのモコロにたどりつくのが、いぬにあげてはいけないたべものだよ。

とうがらし　食パン　にく　たまご　トマト　チョコレート

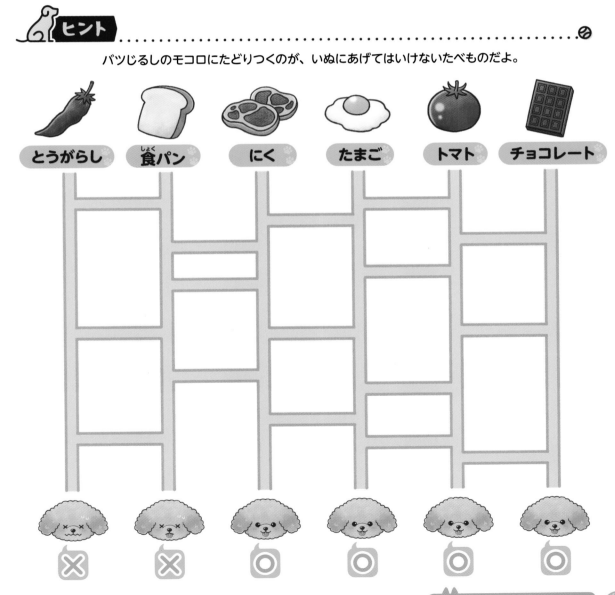

こたえは 33 ページ

どうしてそんなこと しているの？

いぬがよくする行動（こうどう）には、それぞれちゃんと、りゆうがあるんだよ。
「行動（こうどう）」と「きもち」をせんでつないでね。

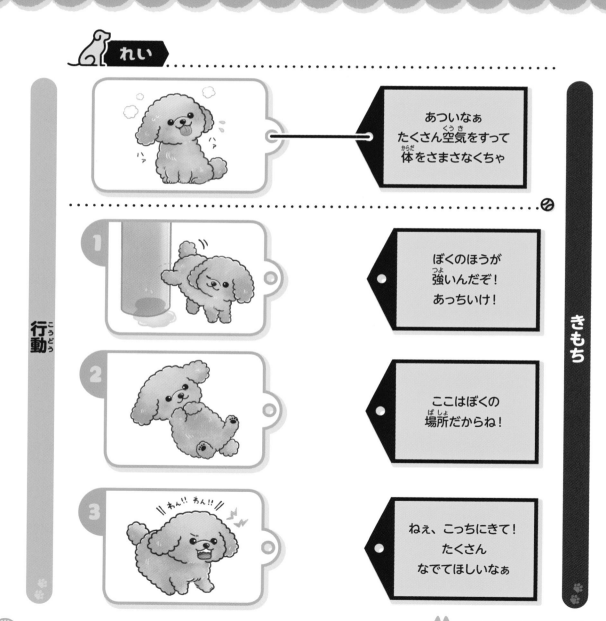

れい

行動（こうどう）

あついなぁ
たくさん空気（くうき）をすって
体（からだ）をさまさなくちゃ

1

ぼくのほうが
強（つよ）いんだぞ！

あっちいけ！

2

ここはぼくの
場所（ばしょ）だからね！

3

わん!! わん!!

ねぇ、こっちにきて！
たくさん
なでてほしいなぁ

きもち

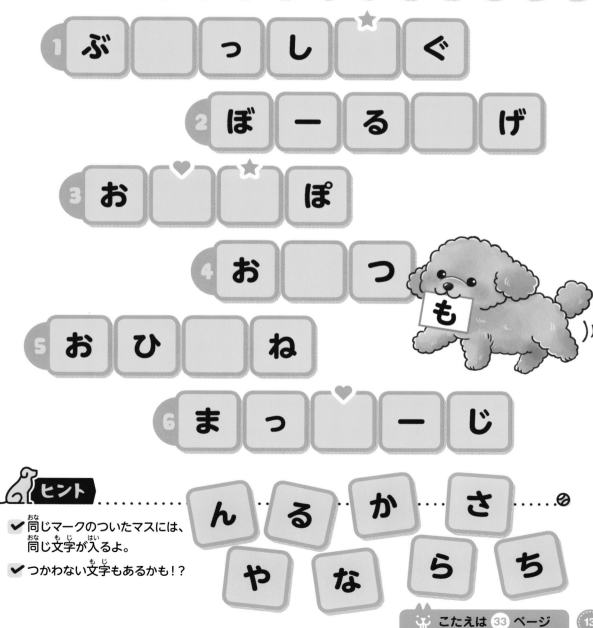

⑨ モコロの好きな まいにちのこと

いっしょにくらすと、モコロの好きなことがだんだんわかってきた！
1日のあいだにすることを「ヒント」の文字カードでうめてみよう。

1. ぶ 〇 っ し ★ ぐ
2. ぼ ー る 〇 げ
3. お ♥ ★ ぽ
4. お 〇 つ
5. お ひ 〇 ね
6. ま っ ♥ ー じ

ヒント

✓ 同じマークのついたマスには、同じ文字が入るよ。

✓ つかわない文字もあるかも！？

ん る か さ

や な ら ち

こたえは 33 ページ

おきにいりのおもちゃ みつけられるかな?

いぬは、においをかぎわける力がすごいんだ。
いつもあそんでいるおもちゃをかくしてみたら……みつけられるかな？
2まいの絵をくらべて、どのおもちゃが、どこにいったかさがしてみよう！

こたえは 33 ページ

ドッグランで かけまわろう！

ドッグランにやってきたよ。いろんな遊具があって、たくさんあそべるね！
おもいきりかけっこして、水のみ場のゴールをめざそう！
草のアーチは下をとおりぬけることができるよ。

ゴール！

こたえは 33 ページ

たくさんのともだちとなかよくなったよ

ドッグランで、すっかりほかのいぬたちとなかよくなったみたい！
いろんな種類のいぬがいるけど、下の絵でいちばん数が多いのはどれ？

こたえは 33 ページ

13 しっぽにちゅうもく！いまどんなきもち？

しっぽのうごきは、そのときのきもちをあらわしているだって。
①〜④のうごきがあてはまる「きもち」をそれぞれえらんでね。

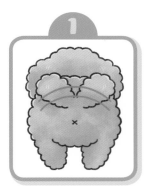  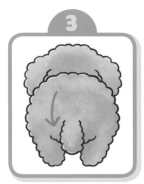 

 きもち ....⚾

ムムッ こわがっているみたい。

うきうき あそびたくて、たのしいきもちだよ。

いらいら きげんがわるくておこっているね。

わくわく きょうみしんしん！

こたえは 34 ページ

町にはたくさんの ともだちがいるよ

モコロとおさんぽするとき、いつもあいさつする
ともだちのいぬがいるんだ。大きさもしっぽの形もみんなちがうね。
Ⓐ〜Ⓕのシルエットがそれぞれ❶〜❻のどのいぬか、あててみて！

左のページに
このわんこたちが
いるみたい！

こたえは 34 ページ

21

 # 雨あがりに たのしいおさんぽ

雨あがり、モコロが水たまりをのぞいているよ。
水たまりにうつる正しい絵は、①〜④のどれかわかるかな?

水たまりをのぞいて
右のまえあしを
ふっているよ

こたえは 34 ページ

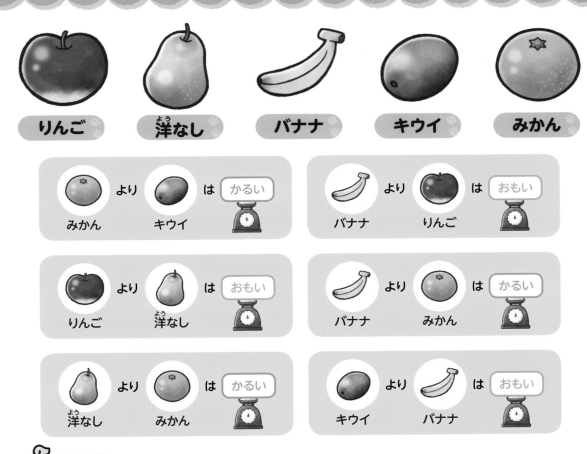

16 大好きなくだものの おもさくらべ！

おやつにくだものをあげることもあるよ。ちゃんと量をはかってあげるといいみたい。下のせつめいをよんで、おもさを順番にならびかえよう。

りんご　洋なし　バナナ　キウイ　みかん

みかん より キウイ は かるい

バナナ より りんご は おもい

りんご より 洋なし は おもい

バナナ より みかん は かるい

洋なし より みかん は かるい

キウイ より バナナ は おもい

こたえ

かるい　　　　　おもい

こたえは 34 ページ

23

きょうだいのところへ あそびにいったよ

モコロは5ひきのきょうだいで、色もかおもとてもにているんだ。
きょうだいがあそんでいる①〜⑫の絵のなかから、モコロをさがしてね。

1

2

3

4

5

6

右がモコロだよ！
きょうだい
そっくりだなぁ

7

8

9

10

11

12

こたえは **34** ページ

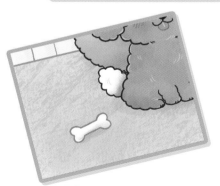

たくさんあそんだあとに、きょうだいみんなとしゃしんをパチリ！
26ページのばらばらになった絵をくみあわせると、27ページの絵になるよ。
あれ？　1まいあまっちゃう絵があるみたい。どれかわかるかな？

こたえは 34 ページ

かわいいいぬたち あつまれ!!

いぬのせいかくはもちろん 1 ぴきずつちがうけれど、種類によって
とくちょうがあるんだ。体の大きさや耳のかたち、しっぽもそれぞれ！
かわいいいぬたちをしょうかいするよ。

 小型犬

トイプードル

くるんとした毛がか
わいらしく、とても
かしこいよ。運動が
とくいで、水泳がで
きる子もいるみたい。

チワワ

体は小さいけれど勇気があるよ！　はじめて会
う人には人見知りしてしまうことも……。

ミニチュアダックスフンド

なんにでもきょうみを
もって、穴をほるよう
なしぐさが大好き。体
が長くて足が短いのが
チャームポイント。

ポメラニアン

人が大好きで、すぐになかよくな
りやすいせいかく。小さな頭に大
きくてまんまるな目がキュート！

🐕 中型犬

コーギー

飼い主のうごきをよく見て行動するかしこい子。ぷりぷりのおしりがとってもかわいい！

ブルドッグ

たっぷりとしたほっぺたがとくちょう。のんびりとしたせいかくでかわいがられるよ。

ビーグル

さみしがり屋であまえんぼう。鼻がよくきくので、においをかぎはじめると夢中になってしまうことも。

しばいぬ

日本生まれのいぬ。耳がピンッと立って、顔立ちがキリッとして、しっぽがくるんとまるまっているのがとくちょう。

🐕 大型犬

シベリアンハスキー

オオカミのような見た目だけど、とってもフレンドリーなせいかく。活発でたくさん運動をするんだ。

ゴールデンレトリバー

おだやかで人になつきやすい。頭がよくて、人を助けたり、いっしょにはたらいたりすることがあるよ。

いぬとなかよくなるには………

大好きないぬともっとなかよくなれる、
とっておきのあそびをやってみよう！　いぬがよろこぶこと、
イヤがることも知って、たのしくすごしたいね。

とっておきのあそび

ひっぱりっこ

タオルやロープのおもちゃをくわえさせて、ひっぱりあうあそびだよ。
※ただし、すべらない床で、足が4本とも地面につくように注意！

「オイデ」あそび

いぬの目とおなじ高さにおやつをにぎった手をかまえて、「オイデ」の合図でよびよせよう。

モッテキテ

おもちゃを投げて「モッテキテ」の合図でいぬにもってきてもらおう。

宝さがし

においのついたおもちゃをかくして、さがしあてるゲーム。見つけやすい場所にかくすのがコツ！

いぬがよろこぶこと

あごの下をなでる

あごの下をなでると、リラックスできる子が多いよ。むねにむかって、なでおろすようにさすってね。

首のマッサージ

首のまわりがこりやすいんだ。やさしくもんだり、おしたり、さすったりしてあげてね。

いぬがイヤがること

とつぜん頭をなでる

じつは頭をなでられるのがキライないぬが多いんだ。いきなりなでる前に、しゃがんで手をさしだしてみよう。

しっぽをにぎる

しっぽは、いぬにとってさわられるのがイヤな部分。きゅうににぎったり、ひっぱったりするのはやめよう！

その子によって好きなこともイヤなこともちがうから、だんだんになかよくなろうね

🐾 こたえ

④ ページ

⑤ ページ

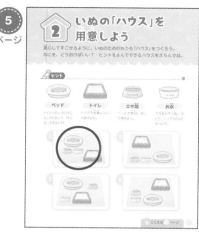

⑥ ページ

 **クイズ1**

横にすると
5になるよ

クイズ2

⑦ ページ

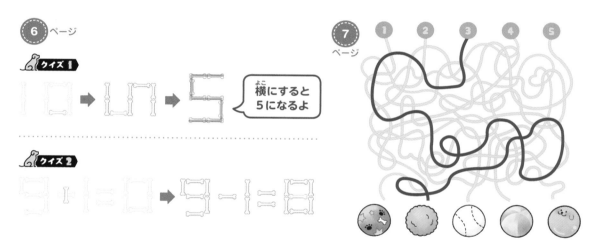

⑧ ⑨ ページ

⑩ ページ

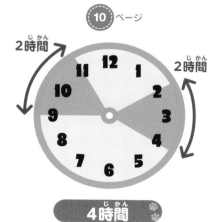

2時間

2時間

4時間

32

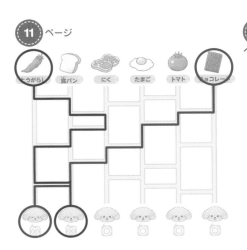

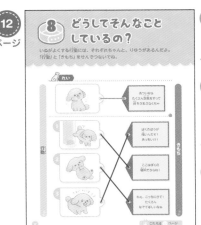

**8 どうしてそんなこと
　 しているの？**

いぬがよくする行動には、それぞれちゃんと、りゆうがあるんだよ。
「行動」と「きもち」をせんでつないでね。

1 おしっこのにおいでし
　 るしをつけているよ。

2 すっかり安心してあま
　 えたいきもち。飼い主
　 になでてほしいんだ。

3 強くほえるのは、おこっ
　 ていたり、じぶんが強
　 いことを相手につたえ
　 たりしたいとき。

1 ぶ ら っ し ん ぐ
2 ぼ ー る な げ
3 お さ ん ぽ
4 お や つ
5 お ひ る ね
6 ま っ さ ー じ

**10 おきにいりのおもちゃ
　 みつけられるかな？**

いぬは、においをかぎわける力がすごいんだ。
いつもあそんでいるおもちゃをかくしてみたら……みつけられるかな？
2まいの絵をくらべて、どのおもちゃが、どこにいったかさがしてみよう！

**11 ドッグランで
　 かけまわろう！**

ドッグランにやってきたよ。いろんな遊具があって、たくさんあそべるね。
おもいきりかけっこして、水のみ場のゴールをめざそう！
緑のアーチは下をとおりぬけることができるよ。

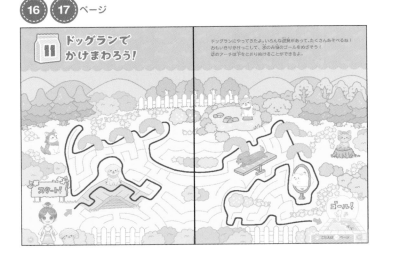

33

1 うきうき

大きくしっぽをふるうごき。うきうきしているきもちをあらわしているよ。

2 わくわく

上にピンッとのびている。なにかに注目しているサイン。

3 ムムッ

しっぽがうしろあしのあいだにまきこまれている。おびえて心配なとき。

4 いらいら

毛がさかだって、しっぽを高くあげるうごき。おこっていることをしめすよ。

A 3　**D** 5
B 1　**E** 2
C 6　**F** 4

| キウイ | みかん | バナナ | りんご | 洋なし |

かるい 　 **おもい**